BEI GRIN MACHT SICH IHR
WISSEN BEZAHLT

- Wir veröffentlichen Ihre Hausarbeit,
  Bachelor- und Masterarbeit

- Ihr eigenes eBook und Buch -
  weltweit in allen wichtigen Shops

- Verdienen Sie an jedem Verkauf

Jetzt bei www.GRIN.com hochladen
und kostenlos publizieren

Georgios Dimoulis

Entstehung und Anwendung des Internet-Protokolls IPv6

GRIN Verlag

Bibliografische Information der Deutschen Nationalbibliothek:

Die Deutsche Bibliothek verzeichnet diese Publikation in der Deutschen National-
bibliografie; detaillierte bibliografische Daten sind im Internet über http://dnb.d-
nb.de/ abrufbar.

Impressum:

Copyright © 2012 GRIN Verlag GmbH
Druck und Bindung: Books on Demand GmbH, Norderstedt Germany
ISBN: 978-3-656-24149-2

Dieses Buch bei GRIN:

http://www.grin.com/de/e-book/197917/entstehung-und-anwendung-des-internet-
protokolls-ipv6

GRIN - Your knowledge has value

Der GRIN Verlag publiziert seit 1998 wissenschaftliche Arbeiten von Studenten, Hochschullehrern und anderen Akademikern als eBook und gedrucktes Buch. Die Verlagswebsite www.grin.com ist die ideale Plattform zur Veröffentlichung von Hausarbeiten, Abschlussarbeiten, wissenschaftlichen Aufsätzen, Dissertationen und Fachbüchern.

Besuchen Sie uns im Internet:

http://www.grin.com/

http://www.facebook.com/grincom

http://www.twitter.com/grin_com

**FOM Hochschule für Oekonomie & Management Frankfurt
University of Applied Sciences**

Berufsbegleitender Studiengang: Wirtschaftsinformatik

3. Fachsemester
Seminararbeit für IT-Infrastruktur
Thema: IPv6

Autor: Georgios Alkinoos Dimoulis

Abgegeben am:
Frankfurt, den 14.01.2012

Inhaltsverzeichnis

Inhaltsverzeichnis II

Abkürzungsverzeichnis III

Abbildungsverzeichnis IV

1   Einleitung- Zielsetzung und Vorgehen 1

2   IPv6 - Das Internetprotokoll der Zukunft 2

   2.1 Entstehung und Entwicklung des IPv6 2

   2.2 Routing und Referenzmodelle 3

3   Umstellung von IPv4 auf IPv6 5

   3.1 Vergleich von IPv4 und IPv6 5

      3.1.1 Adresserweiterung 5

      3.1.2 Hosts, DHCP 6

      3.1.3 Header 7

      3.1.4 Adressarten 8

   3.2 Migrationsverfahren und Einführungsstrategie für IPv6 9

   3.3 Zweck und Vorteile des IPv6 10

4   IPv6 in der Praxis 11

   4.1 Anwendungsbeispiele 11

      4.1.1 Comcast 12

5   Resümee und Ausblick 13

Literaturverzeichnis 15

Abkürzungsverzeichnis

Abb.	Abbildung
bzw.	beziehungsweise
DHCPv6	Dynamic Host Configuration Protocol Version 6
DNS	Domain Name System
IETF	Internet Engineering Task Force
IP	Internet Protocol
IPnG	Internet Protocol next Generation
IPSec	Internet Protocol Security
IPv4/6	Internet Protocol Version 4/6
IT	Informationstechnologie
MIB	Management Information Base
MTU	Maximum Transition Unit
NAT	Network Address Translation
NAT-PT	Network Address Translation-Protocol Translation
OSI	Open Systems Interconnection (Referenzmodell)
o.S.	ohne Seite
PAT	Port Address Translation
QoS	Quality of Service
S.	Seite
TCP/IP	Transmission Control Protocol/ Internet Protocol
UDP	User Datagram Protocol
U.S.A.	United States of America
VPN	Virtual Private Network
z.B.	zum Beispiel

Abbildungsverzeichnis

Abb.1:   Vergleich IPv4 und IPv6   S.6

Abb.2:   Strukturvergleich Kopffeld (Header) IPv4 und IPv6   S.7

Abb.3:   Bei Comcast erwartete IPv6 Übergangsphasen   S.12

1 Einleitung- Zielsetzung und Vorgehen

Im Rahmen der vorliegenden Facharbeit ist es ein Anliegen das Internet-Protokoll IPv6 näher zu beleuchten und sich mit seiner Entstehung und Anwendung auseinanderzusetzen.

Das IPv6 ist nun seit mehreren Jahren in Verwendung und entspricht dem Nachfolger des IPv4, das jedoch zu einem gewissen Zeitpunkt nicht mehr den Anforderungen gewachsen war. Es wurden Reparaturmaßnahmen durchgeführt, um IPv4 weiter nutzen zu können- verschiedene Arbeitsgruppen haben jedoch auch an dem Entwurf eines vollständig neuen Protokolls gearbeitet, welches die bestehenden Mängel beseitigen und zum anderen einige ungünstige Eigenschaften der bisherigen IPv4-Protokolle nicht mehr enthalten sollte[1].

Im Folgenden wird zunächst in Kapitel 2 die Entstehung und Entwicklung des IPv6 und die Notwendigkeit seiner Einführung (2.1) besprochen, sowie das Routing und die Referenzmodelle ISO/OSI und TCP/IP (2.2) erläutert. Kapitel 3 beschäftigt sich mit der Umstellung von IPv4 auf IPv6. Die beiden Protokolle werden verglichen (3.1) und es wird auf die Adresserweiterung (3.1.1), Hosts, DHCP (3.1.2), Header (3.1.3) und Adressarten (3.1.4) näher eingegangen. Die Migrationsverfahren und Einführungsstrategien für IPv6 (3.2), sowie der Zweck und die Vorteile dessen (3.3) werden ebenfalls in Kapitel 3 behandelt. Das 4. Kapitel steigt in die Praxis des IPv6 ein, nennt Anwendungsbeispiele (4.1) und stellt Comcast Corporation und die von ihnen erwarteten IPv6 Übergangsphasen vor (4.1.1). Es folgen Kapitel 5 mit einem Resümee und Ausblick und das Literaturverzeichnis.

---

[1] Vgl. Wiese(2002), S.6.

2 IPv6 - Das Internetprotokoll der Zukunft

2.1 Entstehung und Entwicklung des IPv6

Das Internet-Protokoll IPv6 entspricht der neuen Generation des IPv4, weshalb es auch IPnG (IP next generation) bezeichnet wird[2], wobei im Folgenden jedoch ausschließlich der Begriff IPv6 genutzt wird. Es war abzusehen, dass sich der IP-Adressraum, besonders durch das schnelle Wachstum der mobilen Datenkommunikation, erschöpfen würde- somit wurde das neue IP-Protokoll IPv6 definiert, das langfristig die ausgeschöpfte Version IPv4 ablösen soll[3]. Ziel war es jedoch nicht nur, die Probleme der Adressknappheit zu lösen, sondern auch die ineffiziente Fragmentierung zu verbessern, ein Mobile-IP-Konzept zu entwerfen und eine Antwort auf die Multicast-Anforderungen der heutigen geschäftlichen Kommunikation zu geben[4].

Das klassische Internet-Protokoll IP, das auch IPv4 (v4 steht für Version 4) bezeichnet wird, stieß aufgrund der Adresslänge von nur 32 Bits an seine Grenzen, wobei zugleich der Bedarf an erhöhter Sicherheit, sowie an Unterstützung von Multimedia- und Echtzeitanwendungen bestand[5].

Die Entwicklung von TCP/IPv6 (Transmission Control Protocol/Internet Protocol Version 6) begann bereits im Jahr 1993 und bietet einen Adressbereich von 128 Bit, womit man wesentlich mehr Rechner im Internet mit IP-Adressen versehen kann, wobei der bei IPv4 begrenzte Adressraum mit einer maximalen Anzahl von 4,295 Milliarden Geräten auf ca. 340 Sextillionen aufgestockt wurde[6]. Bei TCP/IP handelt es sich nicht um die Beschreibung eines einzelnen Protokolls, sondern um eine ganze Familie von Protokollen, welche offiziell Ende 1983 als eine Sammlung von einzelnen Protokollen vorgestellt wurde, die den Standard bilden sollten[7].

---

[2] Vgl. Badach/Hoffmann(2007), S.233.
[3] Vgl. Jung/Warnecke(Hrsg.)(1998 und 2002), S.90.
[4] Vgl. Böhmer(2005), S.32.
[5] Vgl. Badach/Hoffmann(2007), S.233.
[6] Vgl. Erlenbach(2009), S.13.
[7] Vgl. Becker(2003), S.17f.

Im Allgemeinen definiert das Internet-Protokoll einen unzuverlässigen verbindungslosen Übertragungsmechanismus, wobei das IP durch das Transmission Control Protocol (TCP, TCP/IP) sowie das User Datagram Protocol (UDP) auf Transportebene geprägt wurde[8].

Heutzutage werden jedoch nicht nur in Asien die IPv4-Adressen bereits knapp, auch allgemein kann der Adressraum des IPv4-Protokolls nicht genügen, weil zu einer exponentiell größer werdenden Anzahl von neuen benötigten IP-Adressen ein großer Teil des IP-Adressraums nicht nutzbar ist, da er für Sonderaufgaben (Multicast) zugeteilt ist oder zu großen Subnetzen gehört[9], worauf in Kapitel 3.1.4 näher eingegangen wird.

IPv6 definiert laut Lohr die Einhaltung von Qualitätsstufen, wofür jedoch das Netzwerk diesen Standard vollständig unterstützen muss[10]. Wie bereits erwähnt, begann die Entwicklung eines Nachfolgers für das Protokoll IPv4 in den frühen 1990er Jahren- durch die Internet Engineering Task Force (IETF), wobei gleichzeitig mehrere unterschiedliche Ansätze gestartet sind, die alle das gleiche Ziel hatten, die Einschränkungen durch den zu knappen Adressbereich zu beheben und neue Funktionen hinzuzufügen- das neue Protokoll konnte nicht IPv5 genannt werden, weil die Versionsnummer 5 für ein experimentelles Stream-Protokoll reserviert war (ST2, RFC 1819)[11].

2.2 Routing und Referenzmodelle

Bevor im weiteren Verlauf näher auf die Umstellung von IPv4 zu IPv6 eingegangen wird, ein Vergleich zwischen beiden gezogen wird und die Vorteile des IPv6 behandelt werden, sollten zunächst das Routing und die Referenzmodelle ISO/OSI und TCP/IP angeführt werden, weil durch die Recherche klar wurde, welch hohe Relevanz diese Themen für den weiteren Verlauf der vorliegenden Arbeit haben:

---

[8] Vgl. Böhmer(2005), S.30.
[9] Vgl. Erlenbach(2009), S.13.
[10] Vgl. Lohr(2009), S.119.
[11] Vgl. Hagen(2009), S.4.

Routing bezeichnet laut Comer den Prozess der Auswahl eines Leitweges, über den Pakete übertragen werden, wobei Router den Computer bezeichnet, der diese Wahl trifft[12]. Hunt unterscheidet Routing in drei unterschiedliche Modelle, auf die im Folgenden näher eingegangen wird:[13]

Minimales Routing wird bevorzugt und verwendet, wenn ein Netzwerk von anderen TCP/IP-Netzwerken vollständig isoliert ist. Normalerweise wird eine minimale Routing-Tabelle aufgebaut, wenn die Netzwerkschnittstelle konfiguriert wird, wobei für jede Schnittstelle eine Route in die Tabelle eingetragen wird. Wenn nun das Netzwerk keinen direkten Zugriff auf andere TCP/IP-Netzwerke besitzt und ohne Subnetze auskommt, ist dies wahrscheinlich die einzige Routing-Tabelle, die benötigt wird.

Statisches Routing wird bei Netzwerken mit einer beschränkten Anzahl von Gateways zu anderen TCP/IP-Netzwerken verwendet, die dann über das statische Routing konfiguriert werden können, wobei wenn ein Netzwerk nur ein Gateway besitzt, eine statische Route die beste Wahl darstellt. Statische Routing-Tabellen werden von Hand angelegt, und passen sich Netzwerkänderungen nicht an, wodurch sie sich am besten eignen, wenn sich die Routen nicht ändern.

Dynamisches Routing sollte bei einem Netzwerk mit mehreren möglichen Routen zu einem Ziel verwendet werden. Dynamische Routing-Tabellen werden aus den Informationen aufgebaut, die Routing-Protokolle miteinander austauschen. Diese verteilen Informationen, mit denen Routen dynamisch an sich ändernde Netzwerkbedingungen angepasst werden. Komplexe Routing-Situationen werden von Routing-Protokollen bedeutend schneller und genauer verarbeitet, als dies ein Systemadministrator tun könnte. Sie weichen automatisch auf eine Alternativroute aus, wenn die primäre nicht einsatzbereit ist, und sind auch so entworfen, dass sie entscheiden, welches die beste Route zum Ziel ist.

Damit jeder Rechner für die Kommunikation mit allen anderen Rechnern unterschiedlicher Hersteller offen (bereit) ist, wurde bereits ab Mitte der 1970er Jahre von der Vernetzung offener Systeme- also von Open System Interconnection (OSI)-

---

[12] Vgl. Comer(2011), S.135.
[13] Vgl. Hunt(2003), S.185.

gesprochen und nach einem Modell für ihre Verwirklichung gesucht- dieses wird auch ISO/OSI-Referenzmodell bezeichnet, was Erlenbach folgendermaßen erläutert:[14]

Die Definition von Schichten in solchen Referenzmodellen dient dazu, dass komplex wirkende Kommunikationssysteme in ihrer Funktionalität aufgespaltet werden können und dann leichter zu Einzelteilen bearbeitet werden können. Das OSI-Modell besteht aus sieben Schichten, die sich wie folgt zusammensetzen:

1.Bitübertragung (physical layer), 2.Sicherung (data link layer), 3.Vermittlung (network layer), 4.Transport (transport layer), 5.Sitzung (session layer), 6.Darstellung (presentation layer), 7.Anwendung (application layer).

Zeitlich noch vor dem OSI-Referenzmodell ist das TCP/IP-Modell entstanden, weshalb auch die Erfahrungen des TCP/IP-Modells mit in die OSI-Standardisierung eingeflossen sind, obwohl es im Gegensatz zum OSI-Modell nur aus vier Schichten besteht, nämlich Application Layer, Transport Layer, Internet Layer und Network Layer.[15]

3 Umstellung von IPv4 auf IPv6

3.1 Vergleich von IPv4 und IPv6

3.1.1 Adresserweiterung

Laut dem Online-Lexikon ITWissen liegen die wesentlichen Unterschiede zwischen den beiden Protokollversionen in den bedeutend erweiterten Adressierungsmöglichkeiten von IPv6, der Vereinfachung des Headerformats, der verbesserten Unterstützung von Optionen und Erweiterungen, in neuen Möglichkeiten der Dienstgüte, der Vereinfachung des Routing und nicht zuletzt in den verbesserten Sicherheitsaspekten[16].

In Bezug auf die Adresserweiterung von IPv4 auf IPv6 führt Shankland auf CNET News eine tabellarische Auflistung im Detail an:

---

[14] Vgl. Erlenbach(2009), S.28.
[15] Vgl. Erlenbach(2009), S.28.
[16] Vgl. ITWissen(2011), o.S.

Abb.1: Vergleich IPv4 und IPv6

	Internet Protocol version 4 (IPv4)	Internet Protocol version 6 (IPv6)
Deployed	1981	1999
Address Size	32-bit number	128-bit number
Address Format	Dotted Decimal Notation: 192.149.252.76	Hexadecimal Notation: 3FFE:F200:0234:AB00: 0123:4567:8901:ABCD
Prefix Notation	192.149.0.0/24	3FFE:F200:0234::/48
Number of Addresses	2^{32} = ~4,294,967,296	2^{128} = ~340,282,366, 920,938,463,463,374, 607,431,768,211,456

Quelle: Shankland(2011), o.S.

Dieser ist zu entnehmen, dass IPv4 im Jahr 1981 entwickelt wurde und IPv6 im Jahr 1999. Die signifikant unterschiedliche Adressgröße wird angeführt, sowie die Unterschiede im Adressformat (Punkt Dezimal- und Hexadezimal-Notation), im Präfix und natürlich in der möglichen Anzahl der Adressen. Die wichtigste aus dieser Tabelle zu entnehmende Aussage ist, wie bereits in vorherigen Kapiteln erwähnt, dass die IPv6 Adressanzahl so enorm ist, dass sie auf diesem Planeten nie ausgeschöpft werden kann.

3.1.2 Hosts, DHCP

Eine Gemeinsamkeit von IPv4 und IPv6 jedoch ist, dass ein IPv6-Host ebenso wie ein IPv4-Host DHCP nutzen kann, um seine IP-Adressen, die dazugehörende Präfixlänge, die IP-Adresse des Standard-Gateways und die IP-Adressen der DNS-Server zu lernen, wobei DHCP für IPv6 (üblicherweise abgekürzt mit DHCPv6) im Prinzip genauso funktioniert wie DHCP für IPv4, jedoch mit folgenden Differenzen:[17]

- Der IPv4-Host sendet ein Broadcast-Paket, um einen DHCP-Server zu finden, und der IPv6-Host benutzt dafür ein Multicast-Paket, was einer der größeren Unterschiede ist.

---

[17] Vgl. Jarzyna(2011), S.152.

- Ein weiterer Unterschied, der genannt werden muss ist, dass DHCP für IPv4 grundsätzlich stateful arbeitet, was bedeutet, dass es sich den Status eines jeden Clients merkt. DHCPv6 jedoch kann sowohl stateful als auch stateless operieren.

3.1.3 Header

In Bezug auf den Header gibt es ebenfalls Unterschiede zwischen IPv4 und IPv6. Der IPv6-Header ist im Vergleich zum IPv4-Header größer, da er erheblich längere Adressen verwendet- andererseits ist der IPv6-Header einfacher aufgebaut und besteht aus weniger Feldern (während eine IPv6-Adresse mit 128 Bit viermal so lang ist wie eine IPv4-Adresse, ist der normale Header mit 40 Byte nur doppelt so lang wie ein normaler IPv4-Header mit 20 Byte)[18]. Einen Strukturvergleich der IPv4- und IPv6-Header unternimmt Böhmer in folgender Abbildung:

Abb.2: Strukturvergleich Kopffeld (Header) IPv4 und IPv6

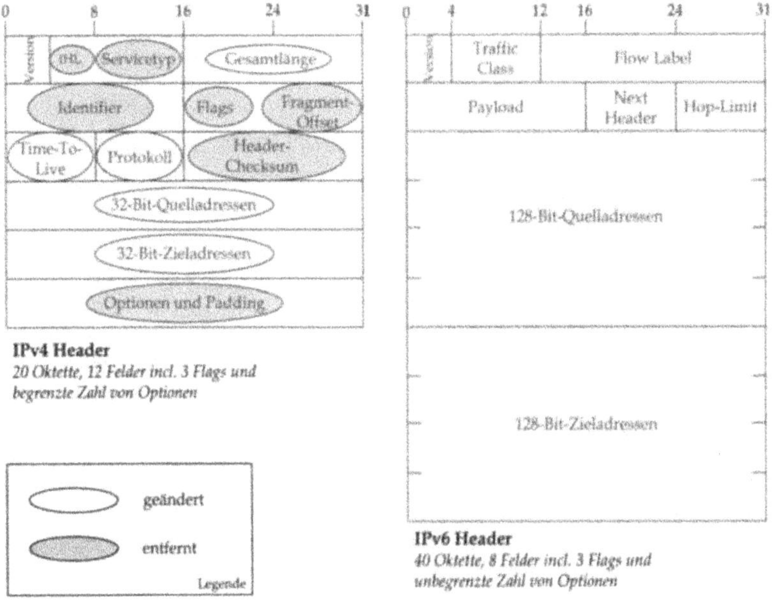

IPv4 Header
20 Oktette, 12 Felder incl. 3 Flags und begrenzte Zahl von Optionen

Version, Int., Servicetyp, Gesamtlänge, Identifier, Flags, Fragment-Offset, Time-To-Live, Protokoll, Header-Checksum, 32-Bit-Quelladressen, 32-Bit-Zieladressen, Optionen und Padding

Version, Traffic Class, Flow Label, Payload, Next Header, Hop-Limit, 128-Bit-Quelladressen, 128-Bit-Zieladressen

IPv6 Header
40 Oktette, 8 Felder incl. 3 Flags und unbegrenzte Zahl von Optionen

Legende: geändert, entfernt

Quelle: Böhmer(2005), S.31.

---
[18] Vgl. Obermann/Horneffer(2009), S.142.

8

Böhmers Ausführungen dazu werden im Folgenden erklärt:[19] Die Abbildung veranschaulicht, dass das IPv4-Protokoll ein Feld mit der Bezeichnung Servicetyp besitzt, das der Idee des Quality of Service (QoS) sehr nahe kommt. Ursprünglich bezeichneten in diesem Feld die ersten drei Bits die Art und Priorität des Datenverkehrs, mit den folgenden drei Bits konnten erhöhte Anforderungen an Verzögerung, Bandbreite und Zuverlässigkeit gestellt werden und die letzten zwei Bits waren reserviert für zukünftige Entwicklungen. Dieses Feld wird heutzutage nur von wenigen Routern in seiner ursprünglichen Form interpretiert.

Ebenfalls ersichtlich wird aus der Abbildung, dass der IPv4-Header aus 20 Oktetten und 12 Feldern inklusive 3 Flags und einer begrenzten Zahl von Optionen besteht. Im Gegensatz dazu besteht der IPv6-Header aus 40 Oktetten und 8 Feldern inklusive 3 Flags und einer unbegrenzten Zahl von Optionen. Daraus folgt, dass einige Felder des IPv4 gänzlich entfernt und andere geändert wurden.

3.1.4 Adressarten

Hinsichtlich der Adressarten gibt es bei IPv4 Unicast-, Broadcast-, Multicast- und Anycast-Adressen, wobei Broadcast-Adressen mit IPv6 nicht mehr verwendet werden und zum Teil durch Multicast-Adressen ersetzt werden[20]. Da für das neue IP-Protokoll IPv6 eine Erweiterung der Adressierung vorgesehen ist, weil die IPv4-Adressen ausgeschöpft sind, worauf hin eine Adressfeldlänge von 128 Bit gewählt wurde, statt den bisherigen 32 Bit, werden die drei bereits genannten Adressarten unterschieden[21]: Unicast-, Multicast- und Anycast-Adressen.

Hagen formuliert eine übersichtliche Definition:[22]

- Unicast-Adressen identifizieren eine Schnittstelle (Interface) eines IPv6-Knotens eindeutig, wobei ein an eine Unicast-Adresse gesendetes Paket an die Schnittstelle ausgeliefert wird, welches mit dieser Adresse konfiguriert ist.
- Multicast-Adressen identifizieren eine Gruppe von IPv6-Schnittstellen, wobei ein an eine Multicast-Adresse gesendetes Paket von allen Mitgliedern der Multicast-Gruppe verarbeitet wird.

[19] Vgl. Böhmer(2005), S.31f.
[20] Vgl. Hagen(2009), S.45.
[21] Vgl. Jung/Warnecke(Hrsg.)(1998/2002), S.90.
[22] Vgl. Hagen(2009), S.45.

- Anycast-Adressen sind mehreren Schnittstellen und das normalerweise auf
  verschiedenen Knoten zugewiesen, wobei ein an eine Anycast-Adresse
  gesendetes Paket nur an eine dieser Schnittstellen, üblicherweise an die nächste,
  gesendet wird.

3.2 Migrationsverfahren und Einführungsstrategie für IPv6

Im Jahr 2009 konnte laut Hagen das IPv6 in den meisten Geräten und Betriebssystemen
als Software-Upgrade installiert werden, wobei beim Kauf von aktueller Hardware oder
Betriebssystemen IPv6 in der Regel bereits implementiert ist und nur noch konfiguriert
werden muss[23]. Generell kann man sagen, dass IPv6-Unterstützung bis auf den
Netzwerk-Layer ausgereift, gut getestet und optimiert zur Verfügung steht, was Routing,
Integrationsmechanismen und DNS-Dienste beinhaltet, da DHCPv6 im Jahr 2003
standardisiert wurde und erste Implementationen vorhanden sind- aktive
Weiterentwicklungen sind vor allem in den Bereichen Quality of Service, Security,
IPv4/IPv6 MIB-Integration und Mobile IPv6 im Gange[24].

Die weltweite Migration von IPv4 zu IPv6 wird somit kein einmaliges Ereignis sein und
auch nicht innerhalb von ein, zwei Jahren erledigt sein, sondern einen langfristigen
Prozess darstellen, der bereits begonnen hat[25]. Da also IPv4 und IPv6 während vieler
Jahre gemeinsam in den Netzwerken und im Internet vorkommen werden, wurde bei der
Entwicklung von IPv6 viel Wert auf Mechanismen und Techniken gelegt, die eine
Koexistenz und einen sanften Übergang möglich machen:[26]

In Bezug auf die Integrationsmöglichkeiten gibt es nach Hagen drei Hauptkategorien:

- Dual-Stack Techniken (in einer Dual-Stack Umgebung haben Hosts und Router
  sowohl einen IPv4- als auch einen IPv6-Stack, sodass ein Dual-Stack Knoten
  auch IPv6/IPv4 Knoten genannt wird, womit er sowohl IPv4-Adressen als auch
  IPv6-Adressen hat), welche die Koexistenz von IPv4 und IPv6 in denselben
  Geräten und Netzwerken ermöglichen,

---

[23] Vgl. Hagen(2009), S.4.
[24] Vgl. Hagen(2009), S.17.
[25] Vgl. Jarzyna(2011), S.13.
[26] Vgl. Hagen(2009), S.371ff.

- Tunneltechniken (werden vor allem dort eingesetzt, wo eine gut funktionierende IPv4-Infrastruktur besteht, die unangetastet bleiben soll, worüber dann mit Hilfe von Tunnels eine IPv6-Weiterleitungsinfrastruktur gelegt werden kann, ohne dass die IPv4-Router umkonfiguriert werden müssen), welche den Transport von IPv6-Paketen über eine bestehende IPv4-Infrastruktur bzw. den Transport von IPv4-Paketen über eine IPv6-Infrastruktur erlauben und

- Translations-Techniken, welche die Kommunikation von IPv6-only Knoten mit IPv4-only Knoten möglich machen.

3.3 Zweck und Vorteile des IPv6

Um den Zweck und die Vorteile des IPv6 zu beurteilen, muss man laut Wiese[27] dies im Vergleich zu IPv4 tun: Eine herausragende Neuerung war zunächst einmal natürlich die Verlängerung der Adressen von 32 Bit auf 128 Bit pro Adresse, wodurch sich statt bis dahin ca. 4 Milliarden Adressen, von denen ca. 80% durch ungünstige Einteilung vergeudet wurden, nun ca. 10^{38} verschiedene Adressen gebildet wurden.

Auch laut Jarzyna sind die zwei wichtigsten Gründe für die Migration zu IPv6 der Bedarf nach mehr Adressen und die Vorgaben durch Behörden, wobei es jedoch daneben noch viele andere Gründe gibt, warum die IP-Verantwortlichen eine Migration in Angriff nehmen lassen sollten:[28]

- Ein Grund sind die Adresszuweisungsfunktionen, da die IPv6 Adresszuweisung dynamische Zuteilung, einfachere Änderung und die Wiederherstellung von Adressen ermöglicht.

- Des Weiteren besteht bei IPv6 kein Bedarf für NAT (Damit Intranet-Benutzer auf das Internet zugreifen können, müssen die privaten Absenderadressen durch öffentliche ersetzt werden- dieser Vorgang wird Network Address Translation bezeichnet und von einem NAT-Router übernommen[29].) und PAT (Bei NAT können maximal so viele Nutzer auf das Internet zugreifen, wie öffentliche IP-Adressen im Pool vorhanden sind, jedoch ist es möglich die Anzahl der parallelen

[27] Vgl. Wiese(2002), S.7.
[28] Vgl. Jarzyna(2011), S.13f.
[29] Vgl. Obermann/Horneffer(2009), S.135.

Nutzer zu erhöhen, indem zusätzlich die TCP/UDP Ports ersetzt werden- dieser Vorgang wird Port Address Translation bezeichnet[30].), da durch die Nutzung öffentlich registrierter und somit eindeutiger Adressen auf allen Geräten die Notwendigkeit von Netzwerkadress- und Port-Übersetzungen entfällt, wobei ein angenehmer Nebeneffekt die Beseitigung einiger Anwendungsschicht- und VPN-Tunneling-Probleme ist, die NAT sonst bereitet.

- Aggregation ist ein weiterer wichtiger Punkt, da der riesige Adressbereich von IPv6 eine viel leichtere Zusammenfassung von Adressblöcken im Internet erlaubt.
- Auf IPv6-Hosts ist IPSec (Internet Protocol Security) zwingend erforderlich, sodass man darauf vertrauen kann, dass IPSec vorhanden ist, z.B. für VPN-Tunneling. IPSec funktioniert natürlich auch mit IPv4, ist jedoch nicht immer vorhanden.
- Header-Verbesserungen sind ein weiterer Vorteil von IPv6, da Router nicht mehr für jedes Paket eine Header-Prüfsumme berechnen müssen, was natürlich den Overhead pro Paket reduziert. Zudem beinhaltet der Header ein Flow-Label, das die leichte Identifizierung von Paketen erlaubt, welche über dieselbe einzelne TCP- oder UDP-Verbindung gesendet werden.

4 IPv6 in der Praxis

4.1 Anwendungsbeispiele

Laut Hagen gibt es zur Zeit in den Bereichen Netzwerk-Management, Firewalls, Proxies und Loadbalancer fehlende oder noch mangelnde Unterstützung, wobei Hersteller wie Hewlett Packard, Cisco, Checkpoint und viele andere am Ball sind und teilweise erste Produkte geliefert haben, welche sie nun aktiv weiterentwickeln[31]. Ebenfalls laufend weiterentwickeln wird sich der Bereich der Applikationen, wobei vor allem neue Applikationen kommen werden, die von den erweiterten Funktionen von IPv6 Gebrauch machen[32]. Ein aktuelles Beispiel ist Microsoft, wo eine ganze Reihe neuer Services in der Entwicklung sind, die wie Direct Access, nicht mehr über IPv4 betrieben werden

---

[30] Vgl. Obermann/Horneffer(2009), S.136.
[31] Vgl. Hagen(2009), S.17.
[32] Vgl. Hagen(2009), S.18.

können und Windows 7, wo es einen Service Direct Access gibt, welcher den Zugriff auf geschützte Firmendaten ermöglicht, ohne einen VPN-Zugang konfigurieren zu müssen[33].

4.1.1 Comcast

Alle Unternehmen müssen sich mit der Umstellung von IPv4 auf IPv6 auseinandersetzen. Comcast Corporation, eines der weltführenden Medien-, Entertainment- und Kommunikations-Unternehmen aus den U.S.A.[34], setzt sich nicht nur mit der Migration von IPv6 auseinander, sondern hat auch eine eigene Mitteilungszentrale (Blog) eingerichtet, in der es seinen aktuellen Einführungsstand, seine Fortschritte und zukünftigen Pläne in Bezug auf die Umstellung auf IPv6 kommuniziert.

Abb.3: Bei Comcast erwartete IPv6 Übergangsphasen

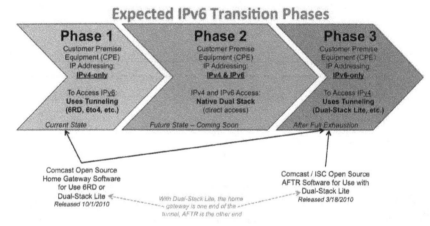

Quelle: IPv6 Information Center(2011), o.S.

Vorangegangene Abbildung wurde von Comcast am 15.02.2011 veröffentlicht und visualisiert, dass am 30.06.2010 6RD Border Relays in ihrem Netzwerk als Teil der Testphase 1 des geplanten Überganges zu IPv6 aktiviert wurde. Am ersten Jahrestag dieser Aktivierung, also am 30.06.2011 sollten die 6RD Border Relays ausgeschaltet werden, da sie aufgrund der Native Dual Stack Strategie nicht länger gebraucht würden.

---

[33] Vgl. Hagen(2009), S.18.
[34] Vgl. Comcast Corporation(2011), o.S.

In Phase 1, welche den aktuellen Stand zeigt, erkennt man eine IPv4-Umgebung, welche auf die IPv6-Umstellung mithilfe von Tunneling-Verfahren (6RD, 6to4, etc.) vorbereitet wird. In naher Zukunft (Ab 06.2011) sollte in Phase 2 übergegangen werden, wo durch das Native Dual Stack-Verfahren die IPv6-Migration durch direkten Zugang näher gebracht und gemeinsam mit IPv4 in Verwendung sein wird. Phase 3 beschreibt die vollzogene Umstellung auf IPv6, welche doch erst in Zukunft verwirklicht wird. In dieser Phase wird man nur IPv6-Zugang haben, jedoch wird durch das Tunneling-Verfahren (Dual-Stack Lite, etc.) der Zugang zu IPv4 auch weiterhin möglich sein.

5 Resümee und Ausblick

Im Zuge der vorliegenden Facharbeit wurde auf das Internet-Protokoll IPv6 näher eingegangen, wofür eine Behandlung seines Vorgängers (IPv4), den es noch nicht ganz abgelöst hat, von Nöten war. IPv6 gibt es nämlich nur in Zusammenarbeit und durch das Verständnis und Wissen, sowie den bisherigen Erfahrungen mit IPv4.

Einer der wesentlichen Unterschiede der beiden Protokolle besteht in den bedeutend erweiterten Adressierungsmöglichkeiten (Adressfeldlängenerweiterung von 32 Bit auf 128 Bit), der Vereinfachung des Headerformats, der verbesserten Unterstützung von Optionen und Erweiterungen, in neuen Möglichkeiten der Dienstgüte, der Vereinfachung des Routing und in den verbesserten Sicherheitsaspekten. Obwohl beide Hosts (IPv4 und IPv6) DHCP nutzen können, besteht der Unterschied darin, dass der IPv6-Host dafür ein Multicast-Paket benutzt, und IPv4 grundsätzlich stateful arbeitet, DHCPv6 jedoch stateful und stateless operieren kann. Ungeachtet des Größenunterschieds der Header (IPv6-Header ist größer) ist der IPv6-Header einfacher aufgebaut und besteht aus weniger Feldern. In Bezug auf die Adressarten hat man sich bei IPv6 auf Unicast-, Multicast- und Anycast-Adressen beschränkt. Broadcast-Adressen, welche bei IPv4 noch genutzt wurden, werden mit IPv6 nicht mehr verwendet (sie werden teilweise durch Multicast-Adressen ersetzt).

Heutzutage kann das IPv6 in den meisten Geräten und Betriebssystemen als Software-Upgrade installiert werden und ist beim Kauf von aktueller Hardware oder Betriebssystemen in der Regel bereits implementiert und muss nur noch konfiguriert werden. In Bezug auf die weltweite Migration von IPv4 zu IPv6 muss gesagt werden, dass dies einen langfristigen Prozess darstellt, der jedoch bereits in vollem Gange ist. Bei der Entwicklung von IPv6 wurde aus dem Grund viel Wert auf Mechanismen und Techniken gelegt, die eine Koexistenz und einen sanften Übergang möglich machen (Dual-Stack-, Tunnel- und Translations-Techniken).

Nicht nur die Adresserweiterung auf 10^{38} ist ein Vorteil des neuen Protokolls IPv6, sondern auch die Adresszuweisungsfunktionen (dynamische Zuteilung, einfachere Änderung und Wiederherstellung), dass kein Bedarf an NAT und PAT besteht, die Aggregation (der riesige Adressbereich erlaubt eine viel leichtere Zusammenfassung von Adressblöcken), Header-Verbesserungen und nicht zu vergessen die verbesserte Sicherheit, da IPSec bei IPv6 zwingend erforderlich ist.

Die Umstellung auf IPv6 ist nicht aufzuhalten und bringt viele Vorteile mit sich, die im Rahmen dieser Facharbeit behandelt wurden. Ein Bereich, der sich laufend weiterentwickeln wird, ist z.b. der Bereich der Applikationen, obwohl bereits viele Hersteller eine ganze Reihe Services entwickeln, die in die Zukunft gerichtet sind. Lediglich in den Bereichen Netzwerk-Management, Firewalls, Proxies und Loadbalancer gibt es, den Autoren nach, noch mangelnde Unterstützung.

Wenn man diese Umstellung (von IPv4 auf IPv6) mit anderen Upgrades in jeder Hinsicht im IT-Bereich vergleicht, kann man sagen, dass diese Aktualisierung besonders arbeits- und zeitaufwändig ist, da es sich um einen viel komplexeren Prozess handelt: Jegliche Hard- und Software, die das neue IPv6-Protokoll unterstützen möchte, muss nämlich zuerst dafür eingerichtet werden, was einen riesigen Aufwand darstellt und durch das Beispiel eines Unternehmens wie Comcast verdeutlicht wurde.

Literaturverzeichnis

Badach, Anatol/Hoffmann, Erwin(2007): Technik der IP-Netze. Funktionsweise, Protokolle und Dienste. München/Wien: Carl Hanser Verlag 2007

Becker, Albrecht(2003): Jetzt lerne ich. TCP/IP. Unter Windows XP, Windows 2000 und Windows Server 2003. München: Markt+Technik Verlag 2003

Böhmer, Wolfgang(2005): VPN. Virtual Private Networks. Kommunikationssicherheit in VPN- und IP-Netzen über GPRS und WLAN. 2. Auflage. München/Wien: Carl Hanser Verlag 2005

Comcast Corporation(2011): Corporate Info. URL: http://www.comcast.com/corporate/about/corporateinfo/corporateinfo.html?SCRe direct=true (Stand: 15.12.2011)

Comer, Douglas E.(2011): TCP/IP Studienausgabe. Heidelberg/München/Landsberg/Frechen/Hamburg: mitp, Hüthig Jehle Rehm GmbH 2011

Erlenbach, Klaus(2009): IPv6 in der Automobil-Industrie. Programmierung von Kfz-Steuergeräten. Hamburg: Druck Diplomica Verlag GmbH 2009

Hagen, Silvia(2009): IPv6. Grundlagen-Funktionalität-Integration. 2. Auflage. Norderstedt: Sunny Edition 2009

Hunt, Craig(2003): TCP/IP. Netzwerk-Administration. 3. Auflage. Köln: O'Reilly Verlag 2003

IPv6 Information Center(2011): 6RD Deactivation Planned. Tuesday, February 15,
2011. URL: http://www.comcast6.net/index2.php (Stand: 15.12.2011)

ITWissen(2011): Das große Online-Lexikon für Informationstechnologie. IPv6-Protokoll.
URL: http://www.itwissen.info/definition/lexikon/Internet-protocol-version-6-IPv6-
IPv6-Protokoll.html (Stand: 05.12.2011)

Jarzyna, Dirk(2011): IPv6. Das Praxisbuch.
Heidelberg/München/Landsberg/Frechen/Hamburg: mitp, Hüthig Jehle Rehm
GmbH 2011

Jung, Volker/Warnecke, Hans-Jürgen(Hrsg.)(1998 und 2002): Handbuch für die
Telekommunikation. 2. Auflage. Berlin/Heidelberg/New York: Springer Verlag
1998 und 2002

Lohr, Jürgen(2009): High Definition Media Services. Zukunft des Rundfunks im Internet:
Technologien und Anwendungsperspektiven. Berlin: Fachverlag Schiele & Schön
GmbH 2009

Obermann, Kristof/Horneffer, Martin(2009): Datennetztechnologien für Next Generation
Networks. Ethernet, IP, MPLS und andere. Wiesbaden: GWV Fachverlage GmbH
2009

Shankland, Stephen(2011): Moving to IPv6: Now for the hard part (FAQ). CNET News.
URL: http://news.cnet.com/8301-30685_3-20030482-264.html (Stand:
07.12.2011)

Wiese, Herbert(2002): Das neue Internetprotokoll IPv6. Mobilität, Sicherheit,
unbeschränkter Adressraum und einfaches Management. München/Wien: Carl
Hanser Verlag 2002